The Five Minute Paperback Journal

With this Journal our goal is to help make Journaling effortless and effective for you. Filling in this journal will take less than five minutes.

The prompts are designed to help you advance towards your goals while being in a state of gratitude.

All the latest research shows that success comes much faster when you have an exciting vision for the future and you live in a grateful state.

This Journal will help you achieve that.

Golden Ring Middle School
Library
Baltimore County Public Schools

41451000007050

Moran Journals

"I'm at the level now where I'm done talking, it's just time to execute."

Today I am expressing gratitude for

- _____
- _____
- _____

Three mini goals for making today great

- _____
- _____
- _____

My Todays Affirmations, I am

- _____
- _____

Three things that happened today for which I am grateful

- _____
- _____
- _____

How might have I advanced the quality of my day

- _____
- _____

> *"Never spend your present time with someone you don't have a future with."*

I am grateful for

- _____
- _____
- _____

What would make today great

- _____
- _____
- _____

Daily Affirmations, I am

- _____
- _____

3 Amazing things that happened today

- _____
- _____
- _____

How could I have made today better

- _____
- _____

"Some people dream of success, while other people get up every morning and make it happen."

I am grateful for

- _____
- _____
- _____

What would make today great

- _____
- _____
- _____

Daily Affirmations, I am

- _____
- _____

3 Amazing things that happened today

- _____
- _____
- _____

How could I have made today better

- _____
- _____

"When you change the way you look at things; the things you look at change"

I am grateful for

- _____
- _____
- _____

What would make today great

- _____
- _____
- _____

Daily Affirmations, I am

- _____
- _____

3 Amazing things that happened today

- _____
- _____
- _____

How could I have made today better

- _____
- _____

"From nothing to something to everything"

I am grateful for

- _____
- _____
- _____

What would make today great

- _____
- _____
- _____

Daily Affirmations, I am

- _____
- _____

3 Amazing things that happened today

- _____
- _____
- _____

How could I have made today better

- _____
- _____

"Life does not happen to us it happens for us"

I am grateful for

- _____
- _____
- _____

What would make today great

- _____
- _____
- _____

Daily Affirmations, I am

- _____
- _____

3 Amazing things that happened today

- _____
- _____
- _____

How could I have made today better

- _____
- _____

"People with goals succeed because they know where they're going-"

I am grateful for

- _____
- _____
- _____

What would make today great

- _____
- _____
- _____

Daily Affirmations, I am

- _____
- _____

3 Amazing things that happened today

- _____
- _____
- _____

How could I have made today better

- _____
- _____

"I am my Rescue"

I am grateful for

- _____
- _____
- _____

What would make today great

- _____
- _____
- _____

Daily Affirmations, I am

- _____
- _____

3 Amazing things that happened today

- _____
- _____
- _____

How could I have made today better

- _____
- _____

"I'll improve one percent each day and give myself the pleasure for tiny progress"

I am grateful for

- _____
- _____
- _____

What would make today great

- _____
- _____
- _____

Daily Affirmations, I am

- _____
- _____

3 Amazing things that happened today

- _____
- _____
- _____

How could I have made today better

- _____
- _____

"I control how I feel"

I am grateful for

- _____
- _____
- _____

What would make today great

- _____
- _____
- _____

Daily Affirmations, I am

- _____
- _____

3 Amazing things that happened today

- _____
- _____
- _____

How could I have made today better

- _____
- _____

"Repetition is the mother of mastery"

I am grateful for

- _____
- _____
- _____

What would make today great

- _____
- _____
- _____

Daily Affirmations, I am

- _____
- _____

3 Amazing things that happened today

- _____
- _____
- _____

How could I have made today better

- _____
- _____

"All you need is the plan, the road map, and the courage to press on to your destination"

I am grateful for

- _____
- _____
- _____

What would make today great

- _____
- _____
- _____

Daily Affirmations, I am

- _____
- _____

3 Amazing things that happened today

- _____
- _____
- _____

How could I have made today better

- _____
- _____

"Discipline is the bridge between goals and accomplishment"

I am grateful for

- _____
- _____
- _____

What would make today great

- _____
- _____
- _____

Daily Affirmations, I am

- _____
- _____

3 Amazing things that happened today

- _____
- _____
- _____

How could I have made today better

- _____
- _____

"Never wish life was easier, wish that you were better"

I am grateful for

- _____
- _____
- _____

What would make today great

- _____
- _____
- _____

Daily Affirmations, I am

- _____
- _____

3 Amazing things that happened today

- _____
- _____
- _____

How could I have made today better

- _____
- _____

"The greatest discovery of all time is that a person can change his life by just changing his thoughts"

I am grateful for

- _____
- _____
- _____

What would make today great

- _____
- _____
- _____

Daily Affirmations, I am

- _____
- _____

3 Amazing things that happened today

- _____
- _____
- _____

How could I have made today better

- _____
- _____

"With a new day comes new strength and new thoughts"

I am grateful for

- _____
- _____
- _____

What would make today great

- _____
- _____
- _____

Daily Affirmations, I am

- _____
- _____

3 Amazing things that happened today

- _____
- _____
- _____

How could I have made today better

- _____
- _____

"It does not matter how slowly you go as long as you do not stop"

I am grateful for

- _____
- _____
- _____

What would make today great

- _____
- _____
- _____

Daily Affirmations, I am

- _____
- _____

3 Amazing things that happened today

- _____
- _____
- _____

How could I have made today better

- _____
- _____

"Life is 10% what happens to you and 90% how you react to it"

I am grateful for

- _____
- _____
- _____

What would make today great

- _____
- _____
- _____

Daily Affirmations, I am

- _____
- _____

3 Amazing things that happened today

- _____
- _____
- _____

How could I have made today better

- _____
- _____

"I am a beacon of love and compassion"

I am grateful for

- _____
- _____
- _____

What would make today great

- _____
- _____
- _____

Daily Affirmations, I am

- _____
- _____

3 Amazing things that happened today

- _____
- _____
- _____

How could I have made today better

- _____
- _____

"I can't help but smile and feel grateful by looking at the world around me"

I am grateful for

- _____
- _____
- _____

What would make today great

- _____
- _____
- _____

Daily Affirmations, I am

- _____
- _____

3 Amazing things that happened today

- _____
- _____
- _____

How could I have made today better

- _____
- _____

"Setbacks are stepping stones for success"

I am grateful for

- _____
- _____
- _____

What would make today great

- _____
- _____
- _____

Daily Affirmations, I am

- _____
- _____

3 Amazing things that happened today

- _____
- _____
- _____

How could I have made today better

- _____
- _____

> *"Whatever we plant in our subconscious mind and nourish with repetition and emotion will one day become a reality"*

I am grateful for

- _____
- _____
- _____

What would make today great

- _____
- _____
- _____

Daily Affirmations, I am

- _____
- _____

3 Amazing things that happened today

- _____
- _____
- _____

How could I have made today better

- _____
- _____

"Your inner strength is your outer foundation"

I am grateful for

-
-
-

What would make today great

-
-
-

Daily Affirmations, I am

-
-

3 Amazing things that happened today

-
-
-

How could I have made today better

-
-

"Income seldom exceeds personal development"

I am grateful for

- _____
- _____
- _____

What would make today great

- _____
- _____
- _____

Daily Affirmations, I am

- _____
- _____

3 Amazing things that happened today

- _____
- _____
- _____

How could I have made today better

- _____
- _____

"All greatness comes from failure"

I am grateful for

- _____
- _____
- _____

What would make today great

- _____
- _____
- _____

Daily Affirmations, I am

- _____
- _____

3 Amazing things that happened today

- _____
- _____
- _____

How could I have made today better

- _____
- _____

"The mind moves in the direction of our currently dominant thoughts"

I am grateful for

- _____
- _____
- _____

What would make today great

- _____
- _____
- _____

Daily Affirmations, I am

- _____
- _____

3 Amazing things that happened today

- _____
- _____
- _____

How could I have made today better

- _____
- _____

"You cannot dream yourself into a character you must hammer and forge yourself one"

I am grateful for

- _____
- _____
- _____

What would make today great

- _____
- _____
- _____

Daily Affirmations, I am

- _____
- _____

3 Amazing things that happened today

- _____
- _____
- _____

How could I have made today better

- _____
- _____
-

"Personal development is a major time saver, the better you become the faster you achieve your goals."

I am grateful for

- _____
- _____
- _____

What would make today great

- _____
- _____
- _____

Daily Affirmations, I am

- _____
- _____

3 Amazing things that happened today

- _____
- _____
- _____

How could I have made today better

- _____
- _____

"Every day brings a chance for you to draw in a breath, kick off your shoes, and dance"

I am grateful for

- _____
- _____
- _____

What would make today great

- _____
- _____
- _____

Daily Affirmations, I am

- _____
- _____

3 Amazing things that happened today

- _____
- _____
- _____

How could I have made today better

- _____
- _____

"With each breath I inhale freedom, faith and confidence"

I am grateful for

- _____
- _____
- _____

What would make today great

- _____
- _____
- _____

Daily Affirmations, I am

- _____
- _____

3 Amazing things that happened today

- _____
- _____
- _____

How could I have made today better

- _____
- _____

"Failure is simply the opportunity to begin again, this time more intelligently"

I am grateful for

- _____
- _____
- _____

What would make today great

- _____
- _____
- _____

Daily Affirmations, I am

- _____
- _____

3 Amazing things that happened today

- _____
- _____
- _____

How could I have made today better

- _____
- _____

"The only person you are destined to become is the person you decide to be"

I am grateful for

- _____
- _____
- _____

What would make today great

- _____
- _____
- _____

Daily Affirmations, I am

- _____
- _____

3 Amazing things that happened today

- _____
- _____
- _____

How could I have made today better

- _____
- _____

"Positivity is attracted to me under all circumstances"

I am grateful for

- _____
- _____
- _____

What would make today great

- _____
- _____
- _____

Daily Affirmations, I am

- _____
- _____

3 Amazing things that happened today

- _____
- _____
- _____

How could I have made today better

- _____
- _____

"Thought by thought, choice by choice. you alone are painting your own canvas"

I am grateful for

- _____
- _____
- _____

What would make today great

- _____
- _____
- _____

Daily Affirmations, I am

- _____
- _____

3 Amazing things that happened today

- _____
- _____
- _____

How could I have made today better

- _____
- _____

"True nobility is being superior to your former self"

I am grateful for

- _____
- _____
- _____

What would make today great

- _____
- _____
- _____

Daily Affirmations, I am

- _____
- _____

3 Amazing things that happened today

- _____
- _____
- _____

How could I have made today better

- _____
- _____

"Stay committed to your decisions, but stay flexible in your approach"

I am grateful for

- _____
- _____
- _____

What would make today great

- _____
- _____
- _____

Daily Affirmations, I am

- _____
- _____

3 Amazing things that happened today

- _____
- _____
- _____

How could I have made today better

- _____
- _____

"I am worthy of great things in my life"

I am grateful for

- _____
- _____
- _____

What would make today great

- _____
- _____
- _____

Daily Affirmations, I am

- _____
- _____

3 Amazing things that happened today

- _____
- _____
- _____

How could I have made today better

- _____
- _____

"I nourish my brain with positivity each day"

I am grateful for

- _____
- _____
- _____

What would make today great

- _____
- _____
- _____

Daily Affirmations, I am

- _____
- _____

3 Amazing things that happened today

- _____
- _____
- _____

How could I have made today better

- _____
- _____

"In this world you are either growing or dying, so get in motion and grow"

I am grateful for

- _____
- _____
- _____

What would make today great

- _____
- _____
- _____

Daily Affirmations, I am

- _____
- _____

3 Amazing things that happened today

- _____
- _____
- _____

How could I have made today better

- _____
- _____

"I have limitless ability to conquer challenges in my life"

I am grateful for

- _____
- _____
- _____

What would make today great

- _____
- _____
- _____

Daily Affirmations, I am

- _____
- _____

3 Amazing things that happened today

- _____
- _____
- _____

How could I have made today better

- _____
- _____

"Mind is a muscle, the more you use it the stronger it gets"

I am grateful for

- _____
- _____
- _____

What would make today great

- _____
- _____
- _____

Daily Affirmations, I am

- _____
- _____

3 Amazing things that happened today

- _____
- _____
- _____

How could I have made today better

- _____
- _____

"There's always a way- if you are committed"

I am grateful for

- _____
- _____
- _____

What would make today great

- _____
- _____
- _____

Daily Affirmations, I am

- _____
- _____

3 Amazing things that happened today

- _____
- _____
- _____

How could I have made today better

- _____
- _____

"I have infinite potential to succeed"

I am grateful for

- _____
- _____
- _____

What would make today great

- _____
- _____
- _____

Daily Affirmations, I am

- _____
- _____

3 Amazing things that happened today

- _____
- _____
- _____

How could I have made today better

- _____
- _____

"Gratitude is not only the greatest of virtues, but the parent of all others"

I am grateful for

- _____
- _____
- _____

What would make today great

- _____
- _____
- _____

Daily Affirmations, I am

- _____
- _____

3 Amazing things that happened today

- _____
- _____
- _____

How could I have made today better

- _____
- _____

"My life is full of prosperity and positivity"

I am grateful for

- _____
- _____
- _____

What would make today great

- _____
- _____
- _____

Daily Affirmations, I am

- _____
- _____

3 Amazing things that happened today

- _____
- _____
- _____

How could I have made today better

- _____
- _____

"Everything in life happens for my ultimate good""

I am grateful for

- _____
- _____
- _____

What would make today great

- _____
- _____
- _____

Daily Affirmations, I am

- _____
- _____

3 Amazing things that happened today

- _____
- _____
- _____

How could I have made today better

- _____
- _____

"A burning desire is the starting point of all success"

I am grateful for

- _____
- _____
- _____

What would make today great

- _____
- _____
- _____

Daily Affirmations, I am

- _____
- _____

3 Amazing things that happened today

- _____
- _____
- _____

How could I have made today better

- _____
- _____

"I radiate beauty, charm and grace"

I am grateful for

- _____
- _____
- _____

What would make today great

- _____
- _____
- _____

Daily Affirmations, I am

- _____
- _____

3 Amazing things that happened today

- _____
- _____
- _____

How could I have made today better

- _____
- _____

"If you want to lead an extraordinary life, find out what the ordinary do and don't do"

I am grateful for

- _____
- _____
- _____

What would make today great

- _____
- _____
- _____

Daily Affirmations, I am

- _____
- _____

3 Amazing things that happened today

- _____
- _____
- _____

How could I have made today better

- _____
- _____

"There are no limitations to the mind except those we impose"

I am grateful for

- _____
- _____
- _____

What would make today great

- _____
- _____
- _____

Daily Affirmations, I am

- _____
- _____

3 Amazing things that happened today

- _____
- _____
- _____

How could I have made today better

- _____
- _____

"The roots of all goodness lie in the soil of appreciation for others"

I am grateful for

- _____
- _____
- _____

What would make today great

- _____
- _____
- _____

Daily Affirmations, I am

- _____
- _____

3 Amazing things that happened today

- _____
- _____
- _____

How could I have made today better

- _____
- _____

"If you start counting your blessings, your whole life will turn around"

I am grateful for

- _____
- _____
- _____

What would make today great

- _____
- _____
- _____

Daily Affirmations, I am

- _____
- _____

3 Amazing things that happened today

- _____
- _____
- _____

How could I have made today better

- _____
- _____

> *"There are only two ways to live your life. One is as though nothing is a miracle. The other is as though everything is a miracle"*

I am grateful for

- _____
- _____
- _____

What would make today great

- _____
- _____
- _____

Daily Affirmations, I am

- _____
- _____

3 Amazing things that happened today

- _____
- _____
- _____

How could I have made today better

- _____
- _____

"Each day my path is being carved towards greatness"

I am grateful for

- _____
- _____
- _____

What would make today great

- _____
- _____
- _____

Daily Affirmations, I am

- _____
- _____

3 Amazing things that happened today

- _____
- _____
- _____

How could I have made today better

- _____
- _____

"Today I woke up with clarity in my mind and strength in my heart"

I am grateful for

- _____
- _____
- _____

What would make today great

- _____
- _____
- _____

Daily Affirmations, I am

- _____
- _____

3 Amazing things that happened today

- _____
- _____
- _____

How could I have made today better

- _____
- _____

"Every day I am becoming better version of myself"

I am grateful for

- _____
- _____
- _____

What would make today great

- _____
- _____
- _____

Daily Affirmations, I am

- _____
- _____

3 Amazing things that happened today

- _____
- _____
- _____

How could I have made today better

- _____
- _____

"Personal development brings forth your greatness from within"

I am grateful for

- _____
- _____
- _____

What would make today great

- _____
- _____
- _____

Daily Affirmations, I am

- _____
- _____

3 Amazing things that happened today

- _____
- _____
- _____

How could I have made today better

- _____
- _____

"For every disciplined effort there are multiple rewards"

I am grateful for

- _____
- _____
- _____

What would make today great

- _____
- _____
- _____

Daily Affirmations, I am

- _____
- _____

3 Amazing things that happened today

- _____
- _____
- _____

How could I have made today better

- _____
- _____

"Healthy food is a reward my body deserves everyday"

I am grateful for

- _____
- _____
- _____

What would make today great

- _____
- _____
- _____

Daily Affirmations, I am

- _____
- _____

3 Amazing things that happened today

- _____
- _____
- _____

How could I have made today better

- _____
- _____

"High performers don't have a career; they have a mission"

I am grateful for

- _____
- _____
- _____

What would make today great

- _____
- _____
- _____

Daily Affirmations, I am

- _____
- _____

3 Amazing things that happened today

- _____
- _____
- _____

How could I have made today better

- _____
- _____

"Clarity comes with action"

I am grateful for

- _____
- _____
- _____

What would make today great

- _____
- _____
- _____

Daily Affirmations, I am

- _____
- _____

3 Amazing things that happened today

- _____
- _____
- _____

How could I have made today better

- _____
- _____

"Repetition is the mother of Mastery"

I am grateful for

- _____
- _____
- _____

What would make today great

- _____
- _____
- _____

Daily Affirmations, I am

- _____
- _____

3 Amazing things that happened today

- _____
- _____
- _____

How could I have made today better

- _____
- _____

"Where focus goes energy flows"

I am grateful for

- _____
- _____
- _____

What would make today great

- _____
- _____
- _____

Daily Affirmations, I am

- _____
- _____

3 Amazing things that happened today

- _____
- _____
- _____

How could I have made today better

- _____
- _____

"Your past does not equal to your future"

I am grateful for

- _____
- _____
- _____

What would make today great

- _____
- _____
- _____

Daily Affirmations, I am

- _____
- _____

3 Amazing things that happened today

- _____
- _____
- _____

How could I have made today better

- _____
- _____

"Success is walking from failure to failure with no loss of enthusiasm"

I am grateful for

- _____
- _____
- _____

What would make today great

- _____
- _____
- _____

Daily Affirmations, I am

- _____
- _____

3 Amazing things that happened today

- _____
- _____
- _____

How could I have made today better

- _____
- _____

"This a wonderful day. I've never seen this one before."

I am grateful for

- _____
- _____
- _____

What would make today great

- _____
- _____
- _____

Daily Affirmations, I am

- _____
- _____

3 Amazing things that happened today

- _____
- _____
- _____

How could I have made today better

- _____
- _____

"The ladder of success is never crowded at the top"

I am grateful for

- _____
- _____
- _____

What would make today great

- _____
- _____
- _____

Daily Affirmations, I am

- _____
- _____

3 Amazing things that happened today

- _____
- _____
- _____

How could I have made today better

- _____
- _____

"Don't wait the time will never be just right"

I am grateful for

- _____
- _____
- _____

What would make today great

- _____
- _____
- _____

Daily Affirmations, I am

- _____
- _____

3 Amazing things that happened today

- _____
- _____
- _____

How could I have made today better

- _____
- _____

"I send love and blessing to everyone around me"

I am grateful for

- _____
- _____
- _____

What would make today great

- _____
- _____
- _____

Daily Affirmations, I am

- _____
- _____

3 Amazing things that happened today

- _____
- _____
- _____

How could I have made today better

- _____
- _____

"Whatever the mind of a man can conceive and believe, it can achieve"

I am grateful for

- _____
- _____
- _____

What would make today great

- _____
- _____
- _____

Daily Affirmations, I am

- _____
- _____

3 Amazing things that happened today

- _____
- _____
- _____

How could I have made today better

- _____
- _____

"Often opportunity comes disguised as a temporary defeat"""

I am grateful for

- _____
- _____
- _____

What would make today great

- _____
- _____
- _____

Daily Affirmations, I am

- _____
- _____

3 Amazing things that happened today

- _____
- _____
- _____

How could I have made today better

- _____
- _____

"Life is not happening to us it happens for us"

I am grateful for

- _____
- _____
- _____

What would make today great

- _____
- _____
- _____

Daily Affirmations, I am

- _____
- _____

3 Amazing things that happened today

- _____
- _____
- _____

How could I have made today better

- _____
- _____

"Perspiration, persistence and patience make an unbeatable combination for success"

I am grateful for

- _____
- _____
- _____

What would make today great

- _____
- _____
- _____

Daily Affirmations, I am

- _____
- _____

3 Amazing things that happened today

- _____
- _____
- _____

How could I have made today better

- _____
- _____

"Never spend your present time with someone you don't have a future with."

I am grateful for

- _____
- _____
- _____

What would make today great

- _____
- _____
- _____

Daily Affirmations, I am

- _____
- _____

3 Amazing things that happened today

- _____
- _____
- _____

How could I have made today better

- _____
- _____

"My life is full of happiness and I find it everywhere I go"

I am grateful for

- _____
- _____
- _____

What would make today great

- _____
- _____
- _____

Daily Affirmations, I am

- _____
- _____

3 Amazing things that happened today

- _____
- _____
- _____

How could I have made today better

- _____
- _____

"When you change the way you look at things; the things you look at change"

I am grateful for

- _____
- _____
- _____

What would make today great

- _____
- _____
- _____

Daily Affirmations, I am

- _____
- _____

3 Amazing things that happened today

- _____
- _____
- _____

How could I have made today better

- _____
- _____

"With every breath I inhale faith and confidence"

I am grateful for

- _____
- _____
- _____

What would make today great

- _____
- _____
- _____

Daily Affirmations, I am

- _____
- _____

3 Amazing things that happened today

- _____
- _____
- _____

How could I have made today better

- _____
- _____

"With every breath I inhale faith and confidence"

I am grateful for

- _____
- _____
- _____

What would make today great

- _____
- _____
- _____

Daily Affirmations, I am

- _____
- _____

3 Amazing things that happened today

- _____
- _____
- _____

How could I have made today better

- _____
- _____

"I'm at the level now where I'm done talking, it's just time to execute."

I am grateful for

- _____
- _____
- _____

What would make today great

- _____
- _____
- _____

Daily Affirmations, I am

- _____
- _____

3 Amazing things that happened today

- _____
- _____
- _____

How could I have made today better

- _____
- _____

"Never spend your present time with someone you don't have a future with."

I am grateful for

- _____
- _____
- _____

What would make today great

- _____
- _____
- _____

Daily Affirmations, I am

- _____
- _____

3 Amazing things that happened today

- _____
- _____
- _____

How could I have made today better

- _____
- _____

"I approve of myself and love myself deeply"

I am grateful for

- _____
- _____
- _____

What would make today great

- _____
- _____
- _____

Daily Affirmations, I am

- _____
- _____

3 Amazing things that happened today

- _____
- _____
- _____

How could I have made today better

- _____
- _____

"I radiate beauty, charm and grace"

I am grateful for

- _____
- _____
- _____

What would make today great

- _____
- _____
- _____

Daily Affirmations, I am

- _____
- _____

3 Amazing things that happened today

- _____
- _____
- _____

How could I have made today better

- _____
- _____

"Everything in life happens for my ultimate good"

I am grateful for

- _____
- _____
- _____

What would make today great

- _____
- _____
- _____

Daily Affirmations, I am

- _____
- _____

3 Amazing things that happened today

- _____
- _____
- _____

How could I have made today better

- _____
- _____

"Every day I am becoming better version of myself"

I am grateful for

- _____
- _____
- _____

What would make today great

- _____
- _____
- _____

Daily Affirmations, I am

- _____
- _____

3 Amazing things that happened today

- _____
- _____
- _____

How could I have made today better

- _____
- _____

"To earn more you must learn more"

I am grateful for

- _____
- _____
- _____

What would make today great

- _____
- _____
- _____

Daily Affirmations, I am

- _____
- _____

3 Amazing things that happened today

- _____
- _____
- _____

How could I have made today better

- _____
- _____

"Never spend your present time with someone you don't have a future with."

I am grateful for

- _____
- _____
- _____

What would make today great

- _____
- _____
- _____

Daily Affirmations, I am

- _____
- _____

3 Amazing things that happened today

- _____
- _____
- _____

How could I have made today better

- _____
- _____

"Each day I carve my path towards greatness"

I am grateful for

- _____
- _____
- _____

What would make today great

- _____
- _____
- _____

Daily Affirmations, I am

- _____
- _____

3 Amazing things that happened today

- _____
- _____
- _____

How could I have made today better

- _____
- _____

"We become what we think about"

I am grateful for

- _____
- _____
- _____

What would make today great

- _____
- _____
- _____

Daily Affirmations, I am

- _____
- _____

3 Amazing things that happened today

- _____
- _____
- _____

How could I have made today better

- _____
- _____

"The major key to your better future is you"

I am grateful for

- _____
- _____
- _____

What would make today great

- _____
- _____
- _____

Daily Affirmations, I am

- _____
- _____

3 Amazing things that happened today

- _____
- _____
- _____

How could I have made today better

- _____
- _____

"I speak my dreams into existence"

I am grateful for

- _____
- _____
- _____

What would make today great

- _____
- _____
- _____

Daily Affirmations, I am

- _____
- _____

3 Amazing things that happened today

- _____
- _____
- _____

How could I have made today better

- _____
- _____

Daily Affirmations

- I am worthy of a wealthy life.
- I deserve the gift of a great life.
- God's wealth is circulating in my life.
- Universe is abundant and there is an infinite source of supply.
- The more I receive the more I give, the more I give the more I receive.
- I am a Money Magnet.
- I have a Millionaire Mind.
- I am safe and life is abundant.
- What I choose to do today will shape today and create my tomorrow.
- The past does not equal to the future.
- Life is constantly happening for me.
- Healthy food is a gift and reward that I deserve every day.
- I control how I feel.
- Money comes to me in increasing quantity from multiple sources on a continuous basis.

Made in the USA
Middletown, DE
14 March 2019